# PANÉGYRIQUE

## DE

# SAINT VINCENT DE PAUL

PRONONCÉ

AU TROISIÈME CENTENAIRE DE SA NAISSANCE

DANS LA CHAPELLE DES PRÊTRES DE LA MISSION

DE TOURS

LE 24 AVRIL 1876

PAR

## M. L'ABBÉ JANVIER

DOYEN DU CHAPITRE DE L'ÉGLISE MÉTROPOLITAINE

**Se vend au profit d'une Œuvre de jeunesse.**

## TOURS

IMPRIMERIE PAUL BOUSEREZ

5, RUE DE LUCÉ, 5

# PANÉGYRIQUE



# SAINT VINCENT DE PAUL

# PANÉGYRIQUE

DE

# SAINT VINCENT DE PAUL

PRONONCÉ

AU TROISIÈME CENTENAIRE DE SA NAISSANCE

DANS LA CHAPELLE DES PRÊTRES DE LA MISSION

DE TOURS

LE 24 AVRIL 1876

PAR

## M. L'ABBÉ JANVIER

DOYEN DU CHAPITRE DE L'ÉGLISE MÉTROPOLITAINE

---

Se vend au profit d'une Œuvre de jeunesse.

---

## TOURS

IMPRIMERIE PAUL BOUSEREZ

5, RUE DE LUCÉ, 5

# PANÉGYRIQUE

## DE

# SAINT VINCENT DE PAUL

### PRONONCÉ

#### AU TROISIÈME CENTENAIRE DE SA NAISSANCE

---

> *Nisi granum frumenti cadens in terram, mortuum fuerit, ipsum solum manet; si autem mortuum fuerit, multum fructum affert :*
>
> Si le grain de froment jeté en terre ne meurt pas, il reste seul ; mais s'il meurt, il porte beaucoup de fruit.
>
> (JOAN, XII, 24.)

MES TRÈS-CHERS FRÈRES,

Nommer saint Vincent de Paul, c'est nommer l'ami des pauvres, le père des orphelins, le bienfaiteur de l'humanité, le sauveur de la France ; c'est éveiller le souvenir de toutes les œuvres catholiques de zèle, de piété et de dévouement dont il a été l'apôtre et le génie révélateur ; c'est, en un mot, nommer la charité elle-même avec ce qu'elle a de plus industrieux et de plus fécond, de plus maternel et de plus doux. Cette auréole de gloire incomparable, qui, depuis plus de deux siècles, s'attache à son nom et l'a rendu si populaire, se reflète tout entière aujourd'hui sur son berceau : elle donne à la célébration du troisième Centenaire de sa naissance un intérêt que ne peut avoir aucun des honneurs semblables décernés par le monde à ses grands hommes, à ses héros les plus vantés.

De là le caractère particulier de cette fête, qui, de l'intérieur d'une famille religieuse, s'étendant à tous les états et à tous les rangs de la société, est à la fois la fête du clergé et des fidèles, la fête du pauvre et des bienfaiteurs du pauvre, la fête de l'Église et de la France, parce que c'est la fête de la charité catholique française. Et voici que Pie IX, s'y associant de sa prison du Vatican, non content de la bénir et de l'approuver, daigne encore l'enrichir d'une faveur privilégiée, nouvelle preuve de son amour pour notre cher pays, de l'intérêt qu'il ne cesse de porter à ses œuvres et à ses destinées!

Mais cette charité, qui s'identifie ainsi avec le nom de Vincent de Paul et se trouve pour nous comme incarnée en sa personne, d'où lui est-elle venue? Où l'a-t-il puisée? Est-ce en lui-même? est-ce en Dieu seul? Et, si c'est en Dieu, par quel secret moyen l'a-t-il attirée en lui avec une si merveilleuse surabondance? Peut-être, en célébrant la naissance de ce grand saint, ne vous semblera-t-il pas hors de propos de rechercher l'origine et le point de départ de sa charité? Et aujourd'hui, où l'exercice de la charité et de ses œuvres pieuses fait à peu près notre seule consolation dans le présent et notre unique espérance dans l'avenir, n'y a-t-il pas opportunité et profit à se demander comment et pourquoi ce beau modèle a été si fécond et si puissant pour le bien? La réponse à cette question fera la matière de son éloge. L'Évangile nous la suggère. Vincent de Paul a, toute sa vie, été mort à lui-même : voilà pourquoi il a si utilement vécu pour les autres; sa parfaite humilité est l'explication et la cause de sa charité prodigieuse. Nous distinguerons trois périodes dans sa vie : l'époque de la formation et de l'épreuve, l'époque des grandes entreprises et du travail, l'époque des succès et du triomphe ; et dans l'épreuve, dans le travail, dans le succès , toujours et partout, nous verrons en lui l'humilité et la charité inséparablement unies, l'humilité mère nourricière, compagne assidue, fidèle gardienne de sa charité. Vincent de Paul, enfin, sera le plus charitable des hommes, parce qu'il est le plus humble de tous : admirablement figuré par ce grain de froment de l'Évangile, qui est jeté en terre et qui meurt, et qui, pour cela même, germe, se développe, fleurit et finalement se couronne d'un riche et magnifique épi portant des fruits en abondance et au centuple : *si mortuum fuerit, multum fructum affert.*

Avant de commencer, invoquons Celle qui, en glorifiant le Seigneur d'avoir exalté les humbles : *exaltavit humiles,* a, par avance et en deux mots, résumé toute la vie d'un de ses plus dévots serviteurs et de ses imitateurs les plus fidèles.

*Ave Maria.*

## I.

Il y a trois cents ans, à pareille date du mois, mais un mardi de Pâques, alors que le monde chrétien se livrait aux joies de la résurrection du Christ, naissait, dans un petit village du midi de la France, un enfant dont le nom plus tard, à Paris et dans trois de nos plus belles provinces, devait être salué comme celui d'un sauveur et est aujourd'hui partout invoqué comme un gage de régénération sociale. Vincent de Paul, dès le berceau et comme tout homme venant en ce monde, avait dans les desseins cachés de Dieu une vocation à suivre, une mission à remplir. La Providence prend soin tout de suite de l'y préparer ; et elle l'y prépare par une série d'épreuves adaptées au but secret qu'elle a en vue.

Épreuve du côté de la bassesse de sa naissance : il ne manquera pas de s'en faire un sujet d'humiliation au milieu du grand monde aristocratique de l'époque, détachant de son nom ce qui peut faire croire à un titre de noblesse et se faisant simplement appeler M. Vincent, rappelant à tous propos qu'il est le fils d'un pauvre villageois, qu'il a gardé les pourceaux dans son enfance, n'oubliant qu'une chose, de dire qu'en gardant le troupeau de son père, il donnait son pain à d'autres petits enfants plus pauvres que lui, premier indice de la bienfaisante mission qu'il exercerait un jour. — Épreuve d'une jeunesse aux prises avec la gêne et le besoin : à défaut de ressources du côté de sa famille et afin de subvenir aux frais de son éducation, il se réduit à être maître d'école et précepteur des enfants d'autrui, travaillant le jour et la nuit, autant pour enseigner les autres que pour s'instruire lui-même.

Il est reçu licencié en théologie, puis ordonné prêtre. Déjà la fortune semble lui sourire, on dit même qu'il aura des chances pour l'épiscopat. Mais, sur ce beau chemin, brusquement la Providence l'arrête, le saisit et le jette, Mes Frères, vous savez où... non pas seulement dans la captivité de l'exil et de la prison, mais dans les fers de l'esclavage. Vous représentez-vous en Barbarie, à Tunis, sur un marché public, ce jeune prêtre de vingt-six ans, affublé d'un costume d'esclave, palpé, examiné, acheté comme une vile bête de somme ! Il est vendu successivement à trois maîtres différents, qui l'éprouvent chacun à sa manière, et finalement il tombe au pouvoir d'un chrétien renégat, qui ne pouvant lui faire partager son apostasie, se venge en l'accablant de travaux et de mauvais traitements. Il y reste trois ans. Voilà son séminaire ! voilà son noviciat, son école d'apprentissage ! A pareille école, où le place une Providence qui nous paraît si sévère, qu'apprend-il? La plus haute et la plus nécessaire des sciences : celle de se renoncer et de mourir à soi-même. Il apprend à être rebuté, méprisé, avili, broyé et foulé aux pieds. Oh ! ne le plaignez pas : c'est la bonne école. L'épreuve de l'humiliation, pour un homme, même pour une famille, même pour un grand pays, pour une vocation quelconque, c'est une grâce insigne et quelquefois un bonheur. Heureux qui sait en profiter ! Et Vincent de Paul en profite merveilleusement.... Entendez-vous, sur la rive étrangère et sous les chaînes de l'esclavage, sa voix retentir? Il chante le *Super flumina Babylonis;* il chante le *Salve regina*. Et sa piété, sa patience et sa douceur triomphent, à la fin, de la barbarie et de l'infi-délité du renégat, son maître, dont il reçoit sa liberté, et que lui-même amène à Rome ; — à Rome, sur les tombeaux des Saints Apôtres, comme pour offrir à Pierre et à Paul les prémices de son zèle apostolique, — à Rome, d'où viennent, il le sait, toute bénédiction qui consacre et toute grâce qui sanctifie.

A Paris, où nous le retrouvons, la Providence le tient encore à la même école, par un autre genre d'épreuve non moins extraordinaire, celle de la tentation, d'une des tentations, au dire des maîtres de la vie spirituelle, les plus pénibles et les plus crucifiantes, la tentation contre la foi. Il en subit les amertumes, les dégoûts, les poignantes anxiétés, les tortures intérieures voisines du désespoir; et tout cela pendant quatre ans, s'y résignant dans l'angoisse et avec la douceur d'une victime qui s'y est volontairement offerte. L'esclavage avait humilié l'homme; la tentation humilie le chrétien, le dépouille de son jugement particulier et de son esprit propre, le dégage de tout cet alliage impur que la raison et le sens humain mêlent trop souvent à la piété et aux choses de Dieu. Le théologien licencié, le futur directeur des âmes en sort avec cette foi nue, simple, lumineuse et pure, que saint Pierre compare à l'or raffiné qui a passé par le creuset de la fournaise.

Survient une autre épreuve, qui le frappe en ce qu'il y a de plus délicat et de plus sensible pour l'honnête homme et pour le prêtre, la calomnie. Vincent de Paul est accusé d'avoir abusé de la confiance et de l'amitié pour dérober une somme d'argent. Il reste sous le coup d'une si étrange accusation, sans se plaindre, sans presque se défendre, désigné et montré au doigt parmi ses connaissances et ses amis comme un prêtre indélicat, hypocrite, fourbe et voleur. Cette sorte d'épreuve dura six ans.

Est-ce assez? Non : à celles de la Providence Vincent veut en ajouter d'autres de son choix. Librement et pour s'exercer à rompre sa volonté personnelle, il se met en retraite sous la direction intelligente et éclairée, mais rude et austère du P. de Bérulle, qui, de fait, ne l'épargna pas, l'envoyant successivement à la petite paroisse de Clichy d'abord pour être curé, puis au château de la famille de Gondi pour être précepteur, le retirant de cette maison tour à tour et l'y ramenant. Vincent se laisse faire et obéit; il s'efface, il s'annihile; et il arrive ainsi à l'âge de quarante-trois ans!

Quoi donc! direz-vous. Et sa mission ? Dans une vie que nous savons si précieuse, que de temps inutile, que d'années perdues! Patientez, Mes Frères; la Providence dans ses grandes œuvres agit avec lenteur: il s'agit ici de poser et d'affermir la base fondamentale, qui est l'humilité, il faut qu'elle soit profonde, proportionnée à la hauteur de l'édifice en projet. Et Vincent continue tranquillement son noviciat d'épreuves, ne paraissant rien soupçonner de sa haute destinée. Dans ce grand palais de la famille de Gondi, il vit comme dans une chartreuse, ne sortant de sa cellule que pour donner la leçon à ses élèves ou aller aux environs catéchiser les pauvres de la campagne ; il ne pense qu'à se faire oublier. Dans l'ombre et le silence, il travaille à se vaincre, à mourir de plus en plus à lui-même; et il y travaille avec une opiniâtre énergie et malgré plus de difficultés qu'on est porté à le croire.

Ainsi M<sup>me</sup> de Gondi, qui d'ailleurs le vénérait, remarqua avec étonnement dans le précepteur de ses fils je ne sais quel air sombre, morose et mélancolique, dont elle était presque scandalisée. Vincent averti se recueille, s'examine, lutte et prie. Pour le résultat, écoutons-le lui-même : « Je m'adressai à Dieu, dit-il, et je le priai instamment de me changer cette humeur sèche et rebutante, et de me donner un esprit doux et bénin. Et par la grâce de Notre-Seigneur, ajoute-t-il, avec un peu d'attention que j'ai faite à réprimer les bouillons de la nature, j'ai un peu quitté de mon humeur noire. »

Vous vous étonnez, Mes Frères, croyant peut-être que la douceur et la bonté proverbiales de Vincent de Paul étaient en lui des qualités toutes naturelles ! Cet aveu de sa part, sincère quoique trop modeste, ne justifierait-il pas l'étrange assertion d'un célèbre phrénologiste de nos jours, qui amené, dit-on, à étudier, au point de vue de la spécialité de sa science, la tête vénérable de ce saint corps, objet à Saint-Lazare de tant de respect, crut remarquer entre elle et le crâne de Voltaire une analogie et une ressemblance frappantes, à tel point qu'il conclut, d'après ses principes, que ces deux hommes avaient dû, physiologiquement, avoir les mêmes qualités et les mêmes défauts, les mêmes inclinations naturelles et les mêmes passions ? Est-ce croyable ? Quel rapprochement admissible entre cet Arouet, M. de Voltaire, comme il se faisait appeler de son temps, cette âme pétrie de fiel, de malice et d'impiété, dont la bave de reptile a souillé et flétri tout ce que la religion et la patrie ont de plus pur et de plus sacré, et le doux, l'aimable, le charitable saint qui est à nos yeux comme le type de la bienfaisance et de la bonté ! Quoi donc ! que la France ait pu avoir ou deux Vincent de Paul ou deux Voltaire, cette alternative reposerait-elle sur une question d'humilité, sur certaines épreuves de la vie permises par la Providence, bien ou mal acceptées par l'homme ?

Quoi qu'il en soit, remercions la grâce de Notre-Seigneur, comme dit notre saint, et bénissons l'admirable disposition de la Providence à son égard. Est-ce précisément l'orgueil qui a donné au xviii° siècle son coryphée d'impiété et son Voltaire, comme jadis ce fatal orgueil donna Lucifer pour coryphée de désobéissance aux anges rebelles ? Ce qui est certain, c'est que l'humilité, en faisant descendre le Fils de Dieu au milieu de nous, en le réduisant, comme dit saint Paul, à la « forme d'esclave, » en le conduisant par l'obéissance « à la mort et à la mort de la croix, » a donné au monde son Rédempteur; l'humilité, dans la Vierge qui se nommait la servante du Seigneur, a donné à l'Église sa protectrice et sa Mère. Ainsi, l'histoire à la main, il faut le reconnaître, c'est cette même humilité qui, passant du cœur de Jésus et du cœur de Marie dans le cœur de Vincent de Paul, enracinée et accrue en lui par quarante années d'épreuves, a donné à la France du xvii° siècle ce chef-d'œuvre de grâce, ce vase d'élection et de charité, d'où nous allons voir la miséricorde et la vie déborder et se répandre de toutes parts.


II


L'heure des grandes entreprises est arrivée. Pour en apprécier le mérite et la difficulté, reportons-nous à la France de cette époque. Faisons un moment table rase de ces belles et nombreuses associations de zèle et de charité que nous avons sous les yeux et qui ne laissent point, quoi qu'on en dise, notre siècle inférieur à beaucoup d'autres. Oublions, et l'esprit de discipline et de régularité qui anime notre épiscopat et tout notre clergé, et le zèle de nos communautés religieuses, de nos sœurs de charité, de nos hommes apostoliques qui s'exerce dans les moindres hameaux de nos villages comme aux plus lointaines contrées, et au sein de la société laïque ce mouvement de bienfaisance et de générosité qui inspire les femmes chrétiennes et les hommes de toutes les conditions et de tous les rangs et les porte sans cesse à se dévouer au soulagement de toutes les infortunes, à répondre à l'appel de tous les besoins. Rien de tout cela n'existe au moment où Vincent de Paul paraît sur la scène.

Avant lui, pas de séminaires; cent ans après les prescriptions si formelles du concile de Trente, malgré les exemples donnés par les autres nations catholiques, ni petits ni grands séminaires dans toute la France. Avant lui, pas de conférences ni de retraites ecclésiastiques, pas même de retraites pour les ordinands, pas plus pour ceux qui doivent être sacrés évêques ou ordonnés prêtres que pour ceux qui doivent recevoir le sous-diaconat ou la tonsure. Avant Vincent de Paul, pas de missions spéciales données aux pauvres gens des campagnes. Avant Vincent de Paul, pas de dames de charité, pas d'associations ni de confréries de charité, pas même de sœurs de charité. On ne concevait pas une religieuse autrement que cloîtrée ; mais une religieuse allant par les rues, montant aux galetas des grandes villes ou descendant à la chaumière des campagnes pour soigner et panser de ses mains les plaies du pauvre, on ne croyait pas cela convenable ni possible. Saint François de Sales, un moment, en avait eu l'idée, mais sur la réclamation de l'opinion publique et les observations des plus pieux évêques, ses amis, il avait dû y renoncer.

La charité, si naturelle à notre caractère français, était-elle donc alors éteinte, morte au cœur de la France? Non, mais seulement paralysée, pour bien des raisons qu'il serait trop long d'énumérer, notamment pour celle-ci : que chez nous la partie disciplinaire du Concile de Trente n'avait pas encore été promulguée ni mise en pratique, un certain orgueil national et certaines prétentions de nos légistes français s'y opposant. La charité, sans doute, existait dans beaucoup d'âmes généreuses et saintes, mais une charité privée, partielle, à l'état d'isolement, qui n'était pas épanouie, mise en commun, et, pour dire le mot, pas encore organisée.

Cet apôtre, cet organisateur de la charité catholique, dont la France allait plus que jamais avoir un si pressant besoin, où Dieu le prendra-t-il? Est-ce parmi ces grands cardinaux français qui jettent à cette époque un si vif éclat? Est-ce dans l'épiscopat? dans les chaires de théologie ou d'éloquence, si doctes et si florissantes ? Est-ce au sein de ces ordres monastiques, ou parmi ces clercs réguliers qui ont fourni de si vaillants défenseurs à l'Église contre les hérésies de Luther et de Calvin ? Sera-ce enfin un Richelieu, un Père de Berulle, un saint François de Sales? Eh bien, non : ce sera notre humble et obscur précepteur de la maison de Gondi, vivant là comme un chartreux, n'étant rien et voulant n'être que rien. La Providence le trouve comme il le lui fallait pour en faire son organe ; elle le prend, l'envoie et le met à l'œuvre. Suivons-le.

Une paroisse de deux mille âmes, dans le Lyonnais, Châtillon-les-Dombes, est, par suite de l'éloignement et de la négligence de pasteurs mercenaires, réduite au plus déplorable état et comme délaissée. Vincent de

Paul s'y rend ; bientôt la paroisse entière change de face ; les pécheurs sont ramenés, les protestants convertis, les enfants catéchisés et instruits, de pieuses associations établies et régularisées. En six mois, il avait fait plus que d'autres n'auraient fait en dix ans ; et en se retirant, il laisse à la paroisse et au monde entier, munie de règlements et de statuts, cette admirable Confrérie des Dames de Charité pour le service des pauvres malades qui a servi de modèle à tant d'autres.

Rappelé par la famille de Gondi pour catéchiser et évangéliser certains villages, Vincent se fait missionnaire et apôtre des campagnes. Il obtient tout d'abord un tel succès qu'on le réclame aussitôt sur une multitude de points à la fois. Il s'associe des collaborateurs ; et ce fut l'origine de cette Congrégation des prêtres de la Mission, dont la nature de mon sujet m'interdit de faire ici l'éloge, mais à la gloire de laquelle il suffit de dire que, du vivant de son fondateur, elle avait déjà couvert la France de missionnaires, donné des apôtres à Rome et des martyrs à l'Afrique, envoyé des messagers de salut et de paix en Pologne, en Angleterre, en Écosse, jusqu'aux îles Hébrides, jusqu'à Madagascar, et qu'elle mettait le pied sur ces plages de l'Orient, où de si fécondes missions l'attendaient.

Pour les besoins de sa compagnie, il lui faut une école ecclésiastique. Il l'érige selon les prescriptions et dans l'esprit du saint Concile de Trente. De là un séminaire, un petit séminaire d'abord, puis un grand séminaire proprement dit, le premier qu'après tant d'essais infructueux on ait vu s'établir en France, et déjà si parfait sous la main de Vincent de Paul, que d'autres pieux fondateurs se hâtent de l'imiter, que beaucoup d'évêques veulent en avoir de semblables formés par lui et que les étrangers eux-mêmes réforment et perfectionnent sur ce modèle ceux qu'ils avaient avant nous. En même temps, il établit les retraites pour les ordinands, jugées du premier coup si efficaces et si salutaires, que l'Archevêque de Paris décide qu'il n'ordonnera désormais personne qui n'ait fait sa retraite à Saint-Lazare sous la direction de M. Vincent.

Il établit également à Saint-Lazare, pour les ecclésiastiques du dehors, ces réunions hebdomadaires si célèbres dans l'histoire du temps sous le nom de « conférences du mardi, » où se rendaient avec avidité et profit les prélats, les casuistes, les directeurs de conscience, les théologiens, les orateurs, tout ce que la capitale comptait de plus pieux et de plus instruit, et dont Bossuet, qui les avait fréquentées dans sa jeunesse, ne parlait à la fin de sa vie qu'avec l'enthousiasme de l'admiration et de la reconnaissance.

Tandis que sous son influence, à tous les degrés de la hiérarchie, le clergé français se réforme et se renouvelle, voici qu'un nouveau champ, inexploré jusqu'ici et inaperçu des autres, s'offre à sa vue et enflamme son zèle : ce sont les prisons de Paris, le bagne de Marseille! Dans ces lieux où pèse la malédiction de Dieu et des hommes, Vincent de Paul, devenu aumônier général des galères, fait descendre la rosée de la divine miséricorde et les joies du pardon céleste.

Parallèlement à ces misères de l'âme, les misères du corps réclament aussi des anges et des apôtres. Et du cœur virginal et apostolique de Vincent de Paul, de ses mains aussi prudentes et délicates que charitables et compatissantes, jaillit et naît, tout d'une pièce en quel-

que sorte et comme d'elle-même, cette incomparable
institution des Filles de la Charité, que le protestantisme
nous envie, que l'impie respecte et admire, et pour
laquelle les catholiques n'auront jamais assez de reconnaissance et d'estime.

Tant d'utiles institutions surgissaient à propos. Voici
que d'affreuses calamités publiques, les guerres étran-
gères, les guerres civiles, successivement fondent sur
la France. La Lorraine d'abord, ensuite la Picardie et
la Champagne, ravagées par le fer et le feu, réclament
des secours ; la famine et la peste, se joignant à
la guerre, pénètrent jusqu'aux environs de Paris,
jusque dans Paris même. Le gouvernement est aux
abois. Il faut des millions, des sommes fabuleuses
pour l'époque : Vincent de Paul les trouve et les
recueille. Il faut les faire parvenir à leur destination
au travers des partis ennemis et de mille dangers :
Vincent de Paul les fait parvenir et distribuer. Ces miracles inouis de zèle, d'activité, et d'industrie charitable, se multiplient de sa part et se continuent pendant plus de dix ans. Des populations innombrables
nourries, vêtues, abritées, soulagées par lui en toutes
manières, n'ont qu'une voix de justice et de reconnaissance pour proclamer M. Vincent leur libérateur et leur
père.

Bien d'autres infortunes attirent son attention et
sollicitent son cœur. Aucune des misères de notre
pauvre humanité ne lui échappe. Ce qu'on ne croyait pas
possible avant lui pour les soulager et surtout pour les
sanctifier et les faire servir au salut et au bien de
l'âme, il l'entreprend, le réalise, et, du premier coup,
avec une perfection qu'on a depuis peut-être imitée,

mais non surpassée. Le temps nous manque pour
énumérer les créations nouvelles qui sortent de ses
mains, les hôpitaux et les asiles de bienfaisance qui
surgissent de toutes parts comme par enchantement :
un hospice pour recueillir les quarante mille mendiants
qui errent sur le pavé de Paris ; un hospice pour recevoir les pauvres infirmes qui doivent prendre les eaux ;
hospice à Paris et hospice à Marseille pour les galériens
et les forçats ; hospice et refuge pour les pécheresses
dégradées et repentantes ; hospice pour les pauvres alié-
nés..... Mais n'oublions pas ces jeunes orphelines qu'il
adopte avec une tendresse de mère et qu'il recueille
dans un asile spécial dont le nom seul révèle l'esprit, la
Communauté de la Providence. Encore moins devons-
nous oublier ces pauvres petites créatures délaissées
dès leur entrée dans la vie, pour lesquelles il adressa
un jour aux Dames de Charité de Paris, cette allocu-
tion à jamais mémorable, supérieure en éloquence
à ce que l'antiquité et les temps modernes nous ont
laissé de plus beau en ce genre, qui donna naissance à
l'hospice des Enfants-Trouvés et délivra la capitale du
royaume très-chrétien d'une honte semblable à celle
qui pèse de nos jours sur la capitale de la Chine ido-
lâtre.

On vante, et avec raison, les merveilles du siècle de
Louis XIV, les monuments d'art dont il a orné Paris,
les chefs-d'œuvre littéraires qu'il a légués à la postérité.
Plus nombreux, plus variés, plus dignes de notre admiration sont les monuments de la bienfaisance et de la
charité dont Paris a été doté par Vincent de Paul et
que les autres villes du monde entier se sont hâtées
d'imiter et de reproduire !

Et quand on pense à la nature et à la multiplicité de ces œuvres dont chacune, prise à part, suffirait pour illustrer et remplir la vie la plus sainte et la plus occupée ; quand on réfléchit aux difficultés et aux obstacles en tous genres qui s'y opposaient, à l'étendue et à la durée des résultats obtenus, on demeure frappé d'étonnement. On se demande comment un seul homme a pu les concevoir, les établir, les diriger, les faire marcher de front avec tant de bonheur et de succès. Vincent de Paul suffit à tout, Vincent de Paul réussit en tout. En lisant sa vie, on croit lire non la monographie d'un saint, mais l'histoire d'un siècle, d'une immense et féconde période dans l'âge de l'Église.

Puis quelle justesse, quelle perspicacité dans le coup d'œil ! quelle délicatesse et quel tact dans les moyens ! et dans l'exécution quelle persévérance, quelle fermeté, quelle énergie et parfois quelle sainte audace ! Quel génie enfin ! Car s'il y a du génie dans un politique, qui, comme Richelieu, profite des circonstances pour unifier et agrandir un puissant royaume ; s'il y a du génie dans un capitaine, qui, comme Turenne ou Napoléon, imagine une opération stratégique décisive pour la délivrance d'une province ou le gain d'une bataille ; s'il y a du génie dans un savant à découvrir une invention utile et féconde : ne faut-il pas voir l'habileté et l'inspiration du génie dans la charité qui sait à propos grouper des forces éparses et des volontés isolées pour les mettre au service de populations innombrables condamnées à périr ? la charité, qui, en face de l'humanité souffrante, invente et combine des moyens nouveaux de soulagement et de consolation ? la charité, enfin, qui agrandit le champ du zèle apostolique et ne recule jamais devant les plus redoutables obstacles de l'ignorance et du crime !

Reconnaîtra-t-on ce génie à Vincent de Paul ? En tout cas, ce ne sera point le génie humain. Car ce qui est peut-être, dans cet admirable saint, plus étonnant que ses œuvres elles-mêmes, c'est le procédé qu'il emploie, la manière dont il les entreprend. Le plus souvent elles lui sont suggérées par d'autres ou indiquées par les circonstances, il n'en a pas l'initiative ; lui, ne cherche qu'à se tenir à l'écart, n'aspire qu'à s'effacer. A l'entendre, il n'est qu'un misérable et un pécheur, propre seulement à gâter tout ce qu'il touche. S'il y a un succès, il l'attribue à ses frères ; survient-il un échec, lui seul en est la cause. C'est à son corps défendant qu'il fonde une Congrégation nouvelle ; il s'y refuse longtemps, « ne voulant pas, dit-il comme saint Paul, travailler sur le terrain d'autrui ; » il prend à témoin les plus anciens de ses prêtres et proteste que d'abord il n'en avait pas même la pensée ; dix fois il tente de se décharger des fonctions de supérieur. En commençant sa mission au bagne de Marseille, son premier acte est de prendre la place d'un forçat, de porter secrètement ses fers et son boulet, de se cacher sous ses livrées. Il déchire et jette au feu une lettre relative à son séjour à Tunis, croyant, mais à tort, — ce n'était que la copie de l'original, — dérober pour jamais à ses contemporains et à la postérité la connaissance d'un des faits les plus glorieux de sa vie. Est-ce ainsi qu'agissent les génies et les héros que vante l'histoire ?

O divine inspiration de l'humilité ! ô sublime intelligence des voies de Dieu ! Vincent s'abaisse, se crucifie, s'efface, veut et croit n'être rien : n'est-ce pas pour cela même qu'il est dans la main de la Providence un instrument si docile, un si puissant organe ? « Croyez-« moi, Messieurs, disait-il un jour à ses prêtres, « croyez-moi, c'est une maxime infaillible de Jésus-« Christ : d'abord qu'un cœur est vide de lui-même, « Dieu le remplit; c'est lui qui demeure et qui agit là « au-dedans. Or, continue-t-il, c'est le désir de la con-« fusion qui nous vide de nous-mêmes, c'est l'humilité, « la sainte humilité. Avec elle ce ne sera pas nous qui « agirons, mais Dieu en nous, et tout ira bien. »

Ici, Mes Frères, Vincent de Paul nous révèle un grand secret, tout le secret de son génie. Dieu avait trouvé en lui ce « cœur humble et parfaitement vide de lui-même », et il l'avait « rempli. » Le cœur de Vincent de Paul était devenu le cœur même de Dieu. Or, le cœur de Dieu, nous enseigne saint Cyrille, c'est l'Esprit-Saint, c'est la charité incréée, substantielle, la charité inépuisable et féconde à l'infini, la charité qui est lumière et sagesse, qui est force et douceur, qui prend les moyens opportuns et atteint infailliblement ses fins. Cette charité de Dieu et qui est Dieu, habitant dans le cœur de Vincent de Paul comme en son centre et sa demeure, y est à l'aise : là elle agit librement, se dilate, s'épanouit, se répand, se communique au dehors avec l'ineffable effusion de grâce et de tendresse qui est le propre de la maternelle Providence et de la divine Bonté.

Autre secret que nous révèle Vincent de Paul : « Depuis soixante-dix-sept ans, dit-il, que Dieu me « souffre sur la terre, j'ai pensé et repensé plusieurs fois « aux moyens les plus propres pour acquérir et conserver « l'amour et la charité envers le prochain : je n'en ai

« point trouvé de meilleur ni de plus efficace que la
« sainte humilité, s'abaisser toujours au-dessous des
« autres, s'estimer le moindre et le pire de tous. »

Trait de lumière digne d'un si grand saint ! Ce n'est
pas assez que la charité, seule et par elle-même, soit
essentiellement communicative, selon l'expression de
l'Ange de l'école : *diffusiva sui :* il faut que l'humilité
s'y joigne, pour aplanir, incliner, effacer, faire dispa-
raître tout obstacle vis-à-vis du prochain. Unissez
ensemble ces deux vertus, vous aurez par elles une
puissance d'attraction, une force expansive prodigieuse,
illimitée, irrésistible. Avec elles, les miracles de Vincent
de Paul s'expliquent. Avec elles et par elles, ce doux et
aimable saint jette sur la société de son temps comme
un immense réseau de lumière et d'amour qui enlace et
attire tout ce qu'il y a d'âmes catholiques et généreuses,
sans distinction de rang ni condition, les prêtres, les
religieux, les hommes du monde, les humbles vierges et
les grandes dames ; toutes ces âmes, il les prend en quelque sorte dans sa main, les unit et les fond entre elles,
les dirige par sa pensée, les anime de son souffle, les
applique, selon le besoin des circonstances, aux œuvres
qu'il a en vue ; il associe et il organise. Ainsi est-il
devenu au xvii⁰ siècle dans l'Église l'organisateur de la
charité ; en un sens même, il en a été le génie révélateur.
Par ses œuvres et son exemple, il a révélé au monde ce
qu'il y a de force attractive et communicative dans l'humilité et la charité unies ensemble en face du pauvre
pour l'exercice extérieur du zèle et de la bienfaisance,
la charité qui agit, donne et répand, l'humilité qui
s'efface et s'oublie.

Qu'un tel rôle attribué à Vincent de Paul n'ait rien,

Mes Frères, qui vous étonne. A des maux nouveaux, il faut dans l'Église de nouveaux remèdes. Ce génie révélateur, cet organisateur de la charité catholique, Dieu l'a suscité à son heure : il l'a donné à l'Église, par les mains de la France, en prévision des besoins nouveaux de nos temps modernes. Depuis Vincent de Paul, la puissance du mal a démésurément grandi, et, au souffle de la Révolution française, à son tour s'est organisée. A l'heure présente, deux puissances gigantesques, deux organisations formidables se dressent devant nous et menacent d'écraser l'Europe, l'organisation des armées matérielles et l'organisation des sociétés secrètes. Et qu'arrivera-t-il, si, comme elles paraissent en avoir le projet, elles viennent à se coaliser contre l'Église et la société, en se coalisant contre la France ? Heureusement l'organisation de la charité catholique est là, debout et préparée, arme puissante qui nous vient de Dieu par l'entremise de Vincent de Paul, et qui suffira pour vaincre, si nous savons nous en servir. Grande sans doute est la puissance de la force, grande est la puissance du mal ; mais plus grande encore est la puissance de la charité appuyée et organisée dans l'humilité. La force s'appuie sur le despotisme et l'ambition ; le mal vient de Satan et s'appuie sur la haine, l'envie et l'orgueil. Mais, dit l'Apôtre, « celui qui demeure dans la charité, » qui humblement s'y établit et s'y organise en union avec d'autres, celui-là « demeure » et s'établit «en Dieu, et « Dieu demeure » et s'établit « en lui. » Le mal ne saurait prévaloir contre le bien, la force contre le droit, ni la haine l'emporter sur l'amour, pas plus que Satan ne peut l'emporter sur le Christ et l'homme prévaloir contre Dieu. *Qui manet in caritate, in Deo manet, et Deus in eo.*

## III

Mais voici Vincent de Paul arrivé ici-bas à ce qu'on peut appeler l'apogée de la gloire humaine. Cette dernière phase de sa vie nous offre un spectacle aussi rare qu'instructif et édifiant. Dans l'épreuve, l'humilité a fait de lui un martyr de sacrifice et d'abnégation ; dans le travail, un apôtre de miséricorde et un thaumaturge de charité ; dans l'honneur et le succès, l'humilité par un merveilleux contraste va faire de lui le soutien et la lumière de l'Église en France.

Rendons ici justice à son siècle : les contemporains de Vincent de Paul, témoins de ses vertus et des merveilles de sa charité, l'ont apprécié, aimé, admiré, comblé d'honneurs. A part les gloires de la canonisation et le culte des autels, les hommages qu'on lui rendit de son vivant ne furent pas inférieurs à ceux qu'on lui a rendus depuis et que nous lui rendons aujourd'hui.

Louis XIII le choisit pour confesseur et veut mourir entre ses bras. Richelieu professe pour lui la plus haute estime et reçoit de sa part avec déférence les avertissements et les reproches. La reine-mère le fait entrer au Conseil de conscience et lui remet la feuille des bénéfices. Mazarin lui aurait obtenu l'épiscopat et la pourpre romaine, sans le vœu formel qu'il avait fait de n'accepter aucune dignité ecclésiastique. Saint François de Sales le donne pour directeur à ses filles de la Visitation. Le grand Condé l'admire et ne tarit pas en éloge à son sujet. Les congrégations romaines, les cardinaux, les papes eux-mêmes lui écrivent pour lui demander des conseils ou réclamer des secours. Les plus hauts personnages de l'époque, directement ou par lettres, le consultent et veulent avoir son avis sur des matières de charité ou de conscience. Les gens du peuple le vénèrent; tous, jusqu'aux enfants, disent en le voyant passer : « Voilà le saint qui passe! »

Situation délicate et périlleuse pour un cœur humble! « Où la vertu est honorée, dit saint Jérôme, l'humi-« lité est rare : *Ubi honorata virtus rara humilitas.* » Chez Vincent de Paul, au contraire, les honneurs rendus à ses mérites ne firent qu'accroître son humilité. Ne pouvant, malgré ses efforts, s'y soustraire entièrement, il s'en faisait autant d'occasions d'abaissement et d'humiliation.

Dirons-nous, par exemple, que forcé d'aller fréquemment au Louvre pour les réunions du Conseil, il ne voulut jamais rien changer ni à la simplicité de ses manières ni à la pauvreté de son vêtement, paraissant devant les princes et les courtisans avec la même soutane grossière et rapiécée qu'on lui voyait à Saint-Lazare et chez les pauvres? Parlerai-je de ce carosse que la reine et l'archevêque de Paris l'avaient, de concert, forcé d'accepter à cause de la faiblesse de ses jambes contractée au bagne de Marseille, qu'il appelait en souriant « son ignominie, » et dont il n'usait que pour le remplir des vieillards et des infirmes, quelquefois couverts de plaies, qu'il rencontrait sur sa route, et qu'il reconduisait ainsi jusqu'à leur logis? Rappellerai-je que, dans sa communauté, entouré de l'affection des siens, malgré de fréquentes maladies et de cruelles souffrances, il se refusait constamment aux soins les plus nécessaires, n'usant pas même de feu dans les hivers les plus rigoureux, traitant son corps avec une impitoyable dureté, le torturant journellement par les haires et les disciplines, d'ailleurs plein de mansuétude, de délicatesse et d'aménité pour tout autre que pour pour lui-même, s'excusant avec larmes auprès des simples frères qu'il croyait avoir contristés, se mettant à genoux en pleine rue aux pieds de pauvres femmes du peuple que, par mégarde, il avait oubliées dans ses aumônes? La matière serait inépuisable.

Mais ce que je ne puis omettre, c'est que, canonisé en quelque sorte de son vivant, acclamé par des populations entières comme un thaumaturge et un sauveur, il se regardait lui-même comme « le dernier des hommes « et le plus grand des pécheurs. » A un évêque, qui l'avait traité de parfait chrétien : « Oh! que dites-vous? « répondit-il, moi un parfait chrétien! On me doit « plutôt tenir pour un damné et le plus grand pécheur « de l'univers. » Un missionnaire se reprochait d'avoir si peu profité de ses bons exemples et de la merveille de sa vie. — « Ma vie, une merveille! s'écria-t-il. « Je suis une merveille, il est vrai, mais une merveille « de malice, plus méchant que le démon, lequel n'a pas « tant mérité d'être en enfer que moi : ce que je ne « dis pas, continua-t-il, par exagération, mais selon les « véritables sentiments que j'en ai. »

Que penser de pareilles expressions, qui lui étaient familières, qu'on retrouve à chaque page de ses lettres et de ses écrits? Y verrons-nous, quoi qu'il en dise, une pieuse exagération, un langage outré? Voyons-y plutôt un mystère, que les saints comprennent et s'expliquent :

mystère d'humilité, qui dans saint Vincent de Paul explique les mystères et les prodiges d'une charité non moins incompréhensible. Ah ! sans doute, Mes Frères, ce grand saint, si vide de lui-même et plus près de Dieu, voyait plus clairement la sainteté et la grandeur des perfections divines, sentait plus vivement le contraste de sa faiblesse et de son néant, se reprochait plus amèrement les aiguillons que la naturelle vanité humaine, parfois, lui faisait sentir. Car, le croirait-on ? il n'en était pas exempt : lui aussi, comme saint Paul, quoique d'une autre manière, sentait les soufflets de Satan.

Un jour, par exemple, on lui annonce qu'à la porte de Saint-Lazare il y a dans la rue un jeune paysan, mal vêtu, se disant son neveu, qui demande à être reçu et à le voir. Qui le croirait ? le premier mouvement du saint fut de rougir et de le faire recevoir par un autre. Mais aussitôt, continue l'historien, « rougissant d'avoir « rougi, » il descend dans la rue, embrasse le paysan, l'introduit, le présente à la communauté, et tout le long du jour aux personnages de la ville qui lui font visite, le nommant son neveu, disant que lui aussi est fils d'un paysan, savourant avec délices les humiliations qui lui reviennent des manières gauches et empruntées du nouveau venu, et le lendemain, devant l'assemblée générale, avouant à genoux et avec larmes le mouvement d'orgueil qu'il avait ressenti.

Oh ! non, pas plus que la douceur, l'humilité de Vincent de Paul n'était chez lui l'effet de la nature et du tempérament, mais le fruit de la grâce et des persévérants efforts. Voilà pourquoi, afin de se fortifier lui-même, il aimait tant à se réfugier dans les profondeurs de son néant. De même que l'arbre dans son plus complet épanouissement, garni d'un riche feuillage, couronné de fleurs et de fruits, a toujours besoin, pour nourrir sa fécondité et conserver sa vigueur, de la séve intérieure qu'il tire incessamment de ses profondes racines cachées en terre : ainsi Vincent de Paul, au comble de la perfection sacerdotale et religieuse, chargé de mérites devant Dieu et les hommes, ne cesse de puiser dans le mépris de lui-même et dans la vérité de son propre néant l'onction de la grâce, la bénédiction et la fécondité des bonnes œuvres, qui ne « s'accordent qu'aux « humbles : *humilibus dat gratiam.* »

Il y puisa aussi cette ferme indépendance et cette haute sagesse dont il fit toujours preuve au Conseil de conscience, alors qu'en étant d'abord le membre le plus influent, et bientôt le chef, il était en réalité, par la confiance qu'on lui accordait, le maître et le distributeur des bénéfices ecclésiastiques et des évêchés. On le comprend, sur un homme de cette trempe, si parfaitement mort à lui-même, si dégagé de tout intérêt personnel et de toute considération mondaine, quelle prise pouvaient avoir la brigue et la cabale, les promesses ou les menaces des solliciteurs et des prétendants, appuyés trop souvent à cette époque par de hautes familles et de puissants partis? Aussi est-ce aux choix faits sous son influence, à son discernement, à la fermeté de son caractère, à l'habileté de sa conduite, que l'épiscopat français du xviie siècle se crut et s'avoua, par la bouche de Fléchier, redevable de ce cachet de distinction et de mérite qui lui donne une si belle place dans notre histoire.

Non moins invulnérable fut son humilité en face des

obsessions et des caresses du parti janséniste. Un jour, simplement avec quelques réponses empruntées au catéchisme, il confondit le fameux Duverger de Hauranne, et le réduisit au silence. De rage et de dépit : « Vous « êtes un ignorant, s'écria l'orgueilleux sectaire; bien « loin de mériter d'être à la tête de votre Congrégation, « vous mériteriez d'en être chassé, et je suis fort sur « pris qu'on vous y souffre. » A quoi l'humble et doux Vincent répartit : « Hélas ! Monsieur, j'en suis plus « surpris que vous ; car je suis encore plus ignorant « que vous ne pensez ; et si l'on me rendait justice, on « ne manquerait pas de me renvoyer de Saint-Lazare.» Mais Dieu qui se cache aux superbes, se révèle, dit Notre-Seigneur, aux petits et aux humbles. Ce fut cet ignorant à ses propres yeux, cet homme possédé de la folie de la croix, passionné pour le mépris, qui, plus sage et plus clairvoyant que beaucoup de théologiens et de savants docteurs, entrevit le premier en France et signala au Saint-Siége tout le venin caché de la nouvelle doctrine et les secrètes menées du parti ; et son zèle ne se donna pas de relâche qu'il n'en eût obtenu la condamnation formelle. En sorte que c'est encore à l'humble Vincent de Paul que l'Église de France fut redevable des premières sentences pontificales qui l'éclairèrent sur la subtilité d'une si pernicieuse hérésie.

Cependant le saint vieillard approche du terme de sa carrière. Plus que jamais, il sent le besoin d'affermir ses œuvres et d'inoculer son esprit à ses collaborateurs et à ses frères. Toute sa vie, dans ses lettres, dans ses entretiens intimes, dans ses conférences publiques, il n'avait cessé de ramener la perfection chrétienne et ecclésiastique aux vertus fondamentales, la patience, la douceur, la défiance de soi-même, la confiance en Dieu, surtout à ses deux vertus favorites, la chère humilité et l'humble charité. Sur ces sujets, il était intarissable, d'une grâce ravissante, d'un à-propos charmant, et d'une finesse de bon sens qui donnait du relief à ses conseils pratiques et à ses moindres paroles. Combien on était heureux alors de le voir et de l'entendre ! Sous le voile de la simplicité et dans le langage du cœur, jaillissaient de ses lèvres enflammées, de son cœur brûlant de l'amour de Notre-Seigneur et des âmes, des jets de lumière, des traits de sagesse et de véritable éloquence dignes d'un apôtre inspiré et d'un père de l'Église. Les analyses que nous en avons, si imparfaites et décolorées qu'elles soient, justifient la pieuse avidité de ses auditeurs et expliquent le bien irrésistible qu'ils en éprouvaient.

Maintenant, le vénérable patriarche, arrivé à près de quatre-vingt-cinq ans, se sentant à sa fin, rassemble ses forces. Avant de mourir, à différentes fois il réunit les prêtres de la Mission présents à Saint-Lazare, il leur parle avec une humilité et une cordialité touchantes, il leur remet définitivement ses constitutions qu'il accompagne de ses derniers avis. Plongeant alors un regard prophétique dans le lointain des âges, il prévoit l'extension que prendront en France, à l'étranger, jusqu'à l'extrême Orient, ses deux familles religieuses et les œuvres qui s'y rattachent. A ce moment solennel, quelle base leur donne-t-il pour assurer leur avenir? L'humilité. Quel est son mot d'ordre suprême? Le soin des petits et l'amour des pauvres : « *evangelisare pauperibus.* » Tel est, en deux mots, le résumé de ses constitutions, l'abrégé de ses règles, le but de ses derniers conseils. Voilà son testament : il lègue aux siens, et à tous ceux qui voudront lui succéder dans son labeur et dans ses succès, ce qu'il a pratiqué lui-même, ce qui a été l'âme de toute sa vie, ce qui a fait sa lumière et sa force. Et il meurt, comme prévoyant cette seconde vie posthume, qui devait faire de lui, par le soin des petits et l'amour du pauvre, le plus grand thaumaturge de nos temps modernes ; il meurt en paix, sûr que les intentions et les organisations de sa charité seront durables et fécondes, parce qu'il leur a donné pour point d'appui la « Pierre vivante et ferme, » l'humilité de Celui qui montrant son Cœur, nous dit à tous : « Apprenez de moi « que je suis doux et humble de cœur : *Mitis sum et* « *humilis corde.* »

De ce simple coup d'œil que nous avons essayé, Mes Frères, de jeter sur la vie intime du plus humble et du plus charitable des saints, ressort, ce me semble, pour les temps actuels, un enseignement plein de lumière et de consolation : c'est que la vraie charité catholique, celle que nous voulons exercer à l'heure présente pour notre propre sanctification et pour le salut de nos frères, la charité pratiquée et enseignée par saint Vincent de Paul, est une vertu essentiellement surnaturelle et divine. Le surnaturel est l'élément nécessaire où elle plonge ses racines, où elle puise sa séve, où elle s'entretient et se nourrit. Arrière donc toute autre charité, qui n'en serait pas une, mais une stérile contrefaçon de la véritable ! Mettre la philanthropie à la place de la charité, remplacer la charité de Dieu par celle de l'homme, la charité de l'Église par celle de l'État : vaine tentative ! ridicule prétention! Ce n'est pas celle-là qui unit les cœurs, qui associe les volontés, qui fortifie et guérit les âmes, qui réjouit et qui sauve. Seule, la charité de Vincent de Paul, celle qu'il nous a léguée pour héritage, peut nous relever et nous guérir. Ayons confiance : elle nous sauvera.

Et ne vous étonnez pas, Mes Frères, des épreuves que Dieu permet à son égard, des tempêtes qui l'agitent et la menacent, des difficultés ou des entraves qu'on lui suscite. Pour elle aussi, l'épreuve est bonne : elle en deviendra plus humble, plus détachée d'elle-même, plus pure, par suite plus digne de son orgine et plus apte à son œuvre. Il en est de la charité comme de l'Église du Christ, dont elle est le cœur et la vertu principale. « Lorsqu'on la blesse et l'outrage, elle s'affirme « et se fortifie ; lorsqu'on la blâme et la condamne, elle « est mieux comprise et fait des conquêtes ; lorsque « tous les secours humains semblent lui manquer, elle « l'emporte et triomphe : *Proprium est ut tunc vincat* « *cum læditur, tunc intelligatur cum arguitur, tunc* « *obtineat cum deseritur* (Saint Hilaire). » Ainsi épurée et devenue plus forte, la charité catholique, au milieu de tant d'autres miracles qui éclatent de nos jours dans l'Église, sera le plus grand de tous : miracle du zèle et du dévouement, qui frappera les yeux de l'indifférent et que l'incrédule ne pourra contester ; miracle de l'union des âmes pieuses et des cœurs fervents, qui guérira d'autres cœurs et convertira d'autres âmes ; miracle, nous l'espérons, de délivrance et de salut, qui permettra de nouveau à la France reconnaissante de se tourner vers Vincent de Paul et de le proclamer encore une fois son rénovateur et son sauveur.

O bon et charitable Saint, notre modèle et notre patron, du haut du ciel priez pour nous. Priez pour l'Église, priez pour la France, priez pour le sacerdoce, priez pour ce diocèse et pour cette ville ! Que sous votre protection les anciens prodiges de votre charité se renouvellent en notre âge ! Il y a parmi nous tant de pauvres à soulager, tant de plaies et d'infirmités à guérir, tant de fléaux à conjurer, tant d'œuvres de miséricorde à propager et à soutenir ! La moisson du bien est immense : que le nombre des ouvriers se multiplie ! qu'ils soient animés de votre esprit, de ce double esprit d'humilité et de charité qui a rendu vos œuvres si durables et si fécondes ! Qu'à votre exemple nous passions à travers les épreuves de la vie en faisant joyeusement le bien et en résistant courageusement au mal ! Que cette fête, enfin, que ce solennel Centenaire de votre naissance ouvre, pour notre chère patrie qui est aussi la vôtre, une ère nouvelle de zèle apostolique et de pieux dévouement, gage d'une véritable régénération sociale sur la terre et d'un triomphe éternel dans les cieux. *Amen.*

---

*P. S.* — Ont été consultés pour les faits contenus dans ce discours, les ouvrages suivants : *Vie de saint Vincent de Paul*, par Louis Abelly, évêque de Rodez ; — *Saint Vincent de Paul, sa vie, son temps, ses œuvres, son influence*, par

M. l'abbé Maynard, chanoine de Poitiers. — L'*Histoire universelle de l'Église catholique*, par Rohrbacher (tome vingt-cinquième). — On a, de plus, mis à profit un excellent petit ouvrage trop peu connu et qu'on recommande volontiers aux ecclésiastiques et aux personnes du monde comme un des meilleurs livres de spiritualité : *Vertus et doctrine spirituelle de saint Vincent de Paul*, par M. l'abbé Maynard, chanoine de Poitiers. (In-12, Ambroise Bray, 1864.)

PERMIS D'IMPRIMER :

BESNARD, *vicaire général*.

Tours, imp. Paul Bouserez.

Imp. Paul Bouserez, rue de Lucé, 5, Tours.

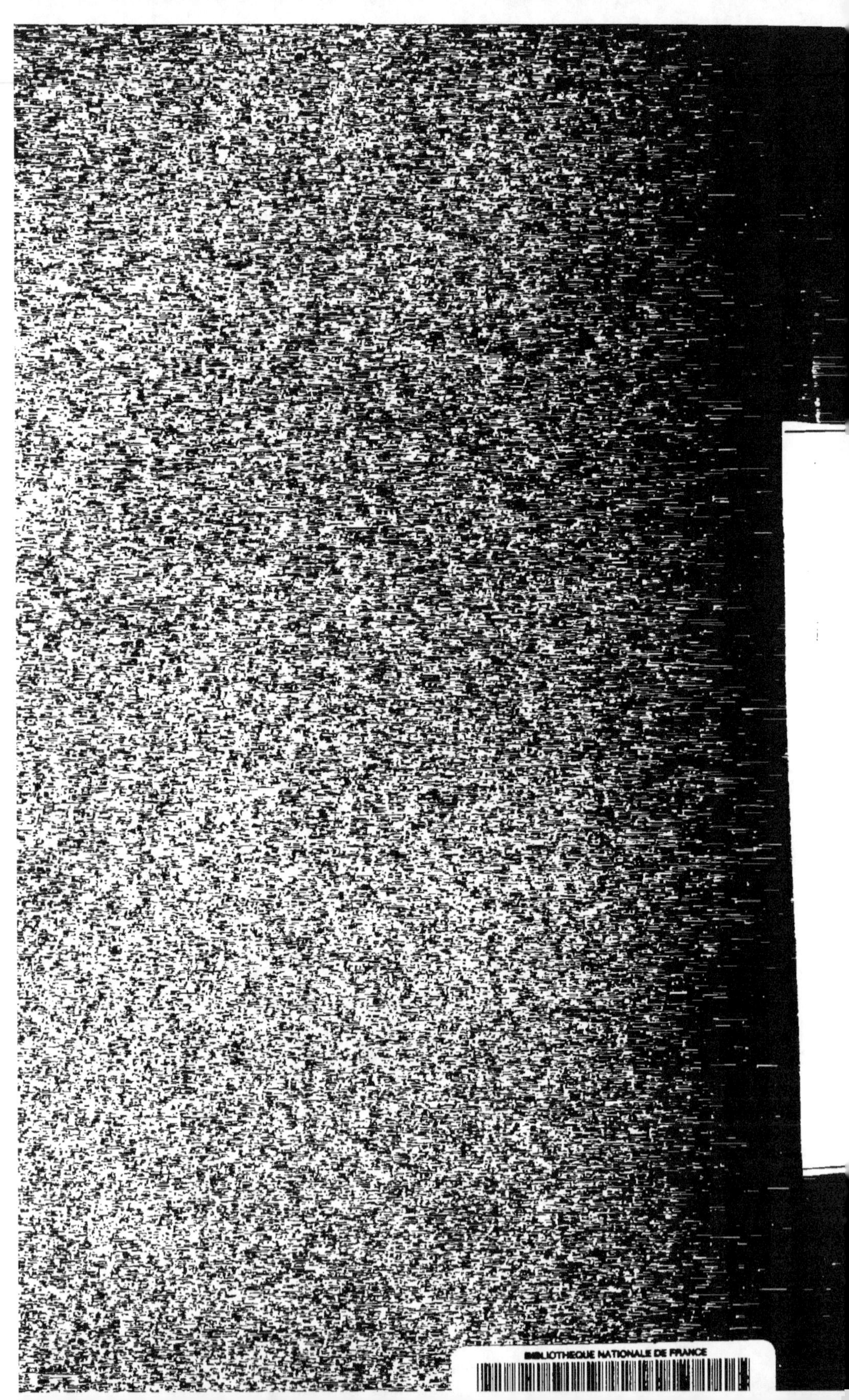

* 9 7 8 2 0 1 1 7 8 3 0 0 4 *